AF627507

LESETANDEMS

Gemeinsam flüssig lesen lernen

1./2. Schuljahr

Vereinfachte Ausgabe

Tandem-Heft 1

Dr. Birgitta Reddig-Korn
Illustrationen: Mareike Siepmann

Inhalt

Vorbereitung

Lesetexte

Checkliste ✓

Bereitet euch auf das Lesetraining vor.

Hakt dann die Checkliste ab.

Wir lesen heute den Text mit der **Nummer**:	Wir haben einen guten **Platz** zum Lesen gefunden.	Wir haben die **Regeln** nochmal angeschaut.
1		
2		
3		
4		
5		
6		
7		
8		

Los geht's! Viel Erfolg!

Wir üben im Lesetandem

Lest gemeinsam die Regeln, z. B. mit den Eltern, dem Lehrer oder der Lehrerin.

So geht es:

Überschrift lesen und Bild anschauen

→ Wovon könnte der Text handeln?
Tauscht euch kurz darüber aus.

Der **Sportler** liest den Text …
- in seinem Tempo vor.
- halblaut vor, sodass nur der Trainer ihn hören kann.

Der **Trainer** …
- liest leise mit.
- führt beim Lesen den Finger mit.

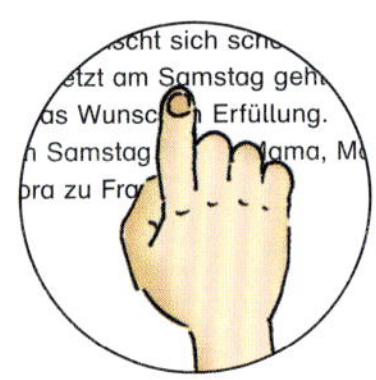

Wir starten auf: 3 – 2 – 1 und **LOS**!

Sportler macht keinen Fehler

Trainer lobt Sportler

Sportler macht Lesefehler oder stockt

Sportler bemerkt Fehler → korrigiert sich und liest weiter

Sportler bemerkt Fehler nicht

Trainer tippt Sportler auf die Schulter und hilft ihm

Nach jedem Fehler wieder am Satzanfang beginnen

Der Text wird vier Mal gelesen.
Nach jeder Runde hakt der Trainer eine Tatze ab.

Wir halten als Team zusammen und kommen gemeinsam zum Ziel!

Über Teamwork nachdenken

Das sollte ein guter **Sportler** beachten:

· das Training ernst nehmen

· sich an die Trainingszeiten halten

· die Hinweise des Trainers beachten

Das sollte ein guter **Trainer** beachten:

· aufmerksam zuhören

· geduldig sein und fair verbessern

· den Sportler motivieren

Um im **Team** erfolgreich zu sein, sollte man:

- *aufeinander achten*
- *sich unterstützen*
- *freundlich und höflich sein*

Das ist unser Team:

Malt oder klebt ein Foto ein!

Datum: ______________________________

1

Montag

Nora liegt in ihrem Bett. Sie kann nicht schlafen. Sie denkt immer an ein kleines Fellknäuel. Ein braunes Fellknäuel mit vier Beinen.

Nora wünscht sich einen Hund. Am Samstag geht Noras Wunsch endlich in Erfüllung.

Am Samstag fahren Mama, Mattis und Nora in das Tierheim. Dort wartet ein kleiner Hund auf sie.

Nora ist ganz zappelig. Mama, Mattis und sie haben alles vorbereitet. Jetzt fehlt nur noch der kleine Hund! Aber bis Samstag dauert es noch 5 Tage. Nora kommt die Zeit so lang vor. Sie sagt:

„Heute ist Montag,
dann Dienstag,
dann Mittwoch,
dann Donnerstag,
dann Freitag und
dann SAMSTAG!“

Es sind noch fünf lange Tage.
Nora muss warten.

Datum: ______________________

2

Samstag

Endlich ist Samstag. Mama, Mattis und Nora fahren ins Tierheim.

Dort wartet ein kleiner, brauner Hund auf sie. Er ist klein, braun und goldig. Er sieht aus wie ein Karamellbonbon! Mama lacht: „Hallo, Karamello!“

Karamello schnüffelt an Noras Hose. Dann läuft er zum Auto. Nora nimmt ihn hoch und setzt ihn in die Hundebox.

Sie sagt: „Karamello, wir sind gleich zu Hause.“

Zu Hause läuft er durch die Wohnung. Mattis und Nora laufen hinter ihm her.

Plötzlich bleibt Karamello stehen. Er schaut Nora an. Nora schaut ihn an.

Unter Karamello bildet sich eine kleine Pfütze. Nora lacht: „Oh nein! Karamello, das müssen wir noch üben.“

1 2 3 4

Datum: ___________________

3

Das Geschenk

Die Ferien sind zu Ende.

Nora muss wieder in die Schule und Mama auch. Noras Mama ist Lehrerin. Nora geht in die zweite Klasse Mattis geht in den Kindergarten.

Karamello ist alleine zu Hause. Ihm ist langweilig.

Plötzlich riecht er Noras Schuhe. Er schleppt einen Schuh in seinen Korb. Dann beginnt er zu knabbern.

Plötzlich hört er ein Geräusch. Endlich! Nora ist wieder da.

Karamello flitzt zur Tür. Auf einmal stoppt er. Er hat etwas vergessen.

Karamello holt stolz den zerbissenen Schuh. Dann legt er ihn vor Nora auf den Boden. Ein Geschenk!

Er wundert sich, warum Nora ihn nicht lobt!

Datum: ______________________

4

Das Team

Nora geht mit Karamello Gassi. Er freut sich.

Dann fällt ihm ein: „Oh, heute ist Hundeschule.“ Manchmal geht er gerne dorthin. Manchmal nicht.

Auf dem Weg zur Hundeschule bleibt er immer wieder stehen. „Karamello, beeil dich. Wir kommen zu spät“, sagt Nora.

Karamello beeilt sich.
Er wird immer schneller.
„Karamello, langsam,
zieh doch nicht so!“, ruft sie.

Karamello denkt:
„Was soll ich denn jetzt machen?
Schnell oder langsam laufen?

Er setzt sich einfach hin.
Seine Ohren hängen ein bisschen.

Nora streichelt ihn. Sie sagt: „Wir werden noch ein gutes Team. Wir müssen nur noch ein bisschen üben!“

Datum: ____________________

5

Der Zaun

Karamello ist alleine im Garten. Plötzlich sieht er im Gartenzaun eine kleine Lücke. Wie aufregend!

Karamello schiebt sich durch die Lücke. Geschafft! Plötzlich packt ihn jemand am Halsband. Er fiept.

Nora geht auch in den Garten. Aber Karamello ist nicht dort.

Sie ruft: „Karamello, wo bist du? Wo bist du denn?“ Sie ruft lauter: „KARAMELLO???“ Mama kommt dazu: „Wo kann er denn nur sein?“

In dem Moment klingelt es an der Haustür. Samuel und Nina stehen vor der Tür. Sie wohnen im Haus nebenan. Beide lachen.

Samuel hat Karamello auf dem Arm.
Er sagt:
„Wir haben einen Schatz gefunden!“

1 2 3 4

Datum: ______________________

6

Rudi

Karamello ist mit Nora unterwegs. Plötzlich sieht er eine Wurst auf vier Beinen. Mit einem Schwanz. Und mit Ohren.

Dann stupst ihn die Wurst an. Die Wurst ist gar keine Wurst, die Wurst ist ein Hund! Ein kleiner, länglicher Hund. Es ist Rudi.

Nora kennt ihn.
Karamello denkt:
„Aha, die Wurst nennt sich Rudi!
Ob Rudi Rennwurst eine Runde
mit mir rennen will?“

Er zwickt Rudi ein bisschen
ins Bein und rast los.
Rudi rennt hinterher.

Nora ruft nach ihnen.
Aber die zwei hören nicht.
Nora rennt hinterher.

Dann sieht sie die beiden.
Sie liegen im Gras und hecheln.

Nora legt sich einfach dazu.
Drei Freunde im Gras!

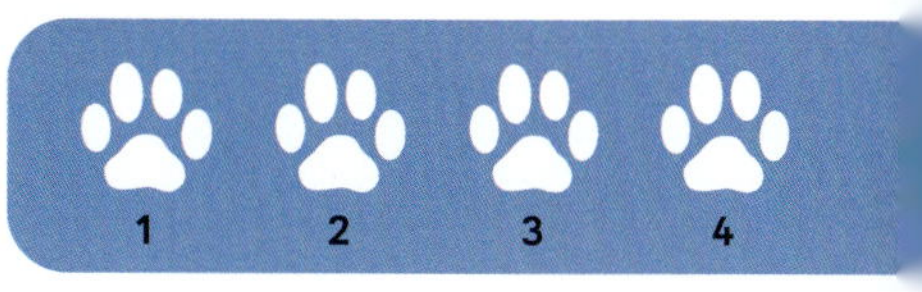

Datum:

7

Das Geräusch

Nora wacht in der Nacht auf.

Sie schleicht ganz leise zu Mama.
Sie flüstert: „Mama!
Mama, wach auf!
Da ist ein Geräusch!“

Mama hört genau hin.
Dann lacht sie.

Leise schleichen die beiden
in den Flur.

Das Geräusch ist gut zu hören. Nora hält Mamas Hand ganz fest. Dann zeigt Mama auf Karamellos Korb. Der Korb ist leer!

Aber das Geräusch ist immer noch da. Nora und Mama gehen leise ins Wohnzimmer. Hier ist das Geräusch ganz laut. Nora zittert.

Dann sieht sie ein braunes Ohr neben dem Sofa. Karamello schläft ganz tief und schnarcht ganz laut!

Nora lacht. Ein schnarchender Hund!

Datum: ______________________

8

Die Ferien

Seit zwei Tagen passieren seltsame Dinge im Haus. Mama und Nora rennen oft durch das Haus.

Im Flur sammeln sich Taschen und Tüten. Karamello ist ständig im Weg.

Mattis packt seinen kleinen Rucksack, Nora packt ihre Lieblingsbücher ein und Mama schmiert in der Küche Brote.

Plötzlich geht Karamello ein Licht auf. Mama, Nora und Mattis fahren in den Urlaub! Darf er nicht mit?

Karamello sucht seine Sachen. Wo ist denn seine Decke? Wo ist sein Fressnapf? Wo ist sein Spielzeug? Er kann seine Sachen nirgends sehen. Traurig lässt er die Ohren hängen.

Nora streichelt ihn und flüstert: „Keine Sorge, Schnuffelchen, gleich geht's los. Es ist alles eingepackt.

Wir fahren **alle** zusammen in den Urlaub!“

Impressum

Lesetandems
Gemeinsam flüssig lesen lernen
Tandem-Heft 1 | Vereinfachte Ausgabe

Herausgeberin und Autorin: Dr. Birgitta Reddig-Korn
Grafische Gestaltung und Layout: Mareike Siepmann
Illustrationen: Mareike Siepmann
Redaktion: Stefanie Drechsel
Druck und Bindung: Westermann Druck Zwickau GmbH, Zwickau

CH-8207 Schaffhausen
service@schubi.com
www.schubi.com

1. Auflage 2023

ISBN 978-3-07-210285-8

MIX
Papier | Fördert gute Waldnutzung
FSC® C110508